O amanhã

Aventuras em um mundo de incertezas

BRADLEY TREVOR GREIVE

tradução de Cora Rónai

SEXTANTE

tradução
Cora Rónai
design
Holly Camerlinck
revisão
Sérgio Bellinello Soares
fotolitos
RR Donnelley América Latina.
impressão e acabamento
Geográfica e Editora Ltda.

CIP-BRASIL. CATALOGAÇÃO-NA-FONTE
SINDICATO NACIONAL DOS EDITORES DE LIVROS, RJ.

G841d Greive, Bradley Trevor, 1970 –
O amanhã
/ Bradley Trevor Greive ; tradução de Cora Rónai.
– Rio de Janeiro : Sextante, 2004.
il. ;

Tradução de: Tomorrow
ISBN 85-7542-115-8

1. Otimismo – Miscelânea. 2. Atitude (Psicologia) – Miscelânea.
3. Conduta – Miscelânea. 4. Animais – Obras ilustradas.
I. Título

04-0597. CDD 155.232
CDU 159.923

Editora Sextante (GMT Editores Ltda.)
Rua Voluntários da Pátria, 45 – Gr. 1.404 - Botafogo
22270-000 – Rio de Janeiro – RJ
Tel.: (21)2286-9944 – Fax: (21) 2286-9244
Central de Atendimento: 0800-22-6306
E-mail: atendimento@esextante.com.br
www.sextante.com.br

Para Douglas Adams

1952–2001

Um homem que, em tão poucos anos, encheu o mundo de luz e de riso, tornou o universo conhecido um pouco maior e muito mais interessante, mergulhou numa quantidade de perguntas e uísque escocês que trariam lágrimas aos olhos dos mortais comuns, e ainda conseguiu arranjar tempo para escalar o Kilimanjaro fantasiado de rinoceronte.

Depois de refletir longa e profundamente,
cheguei a uma conclusão interessante.

Ainda que a população mundial esteja explodindo,
refletida em milhares de religiões, línguas, filosofias e culturas,

só existem, no fundo, dois tipos de pessoas.

Há aquelas que acham que estamos indo para o brejo

e as que acreditam que o melhor ainda está por vir.

(Na verdade, há um terceiro tipo, aquele que acha que o sapateado folclórico irlandês é a mais alta forma de expressão artística, mas não quero falar nisso agora.)

Ninguém precisa ser um gênio para perceber que vivemos em tempos incertos e perigosos. Basta ligar a TV, pegar o jornal

ou olhar pela janela.

Não é uma visão agradável.

Amigos queridos e velhos aliados

andam se estranhando e saindo no tapa.

E, dia sim dia não, sólidas instituições
econômicas caem de quatro.

Sabemos que pessoas de bem são atacadas à
luz do dia, em qualquer esquina,

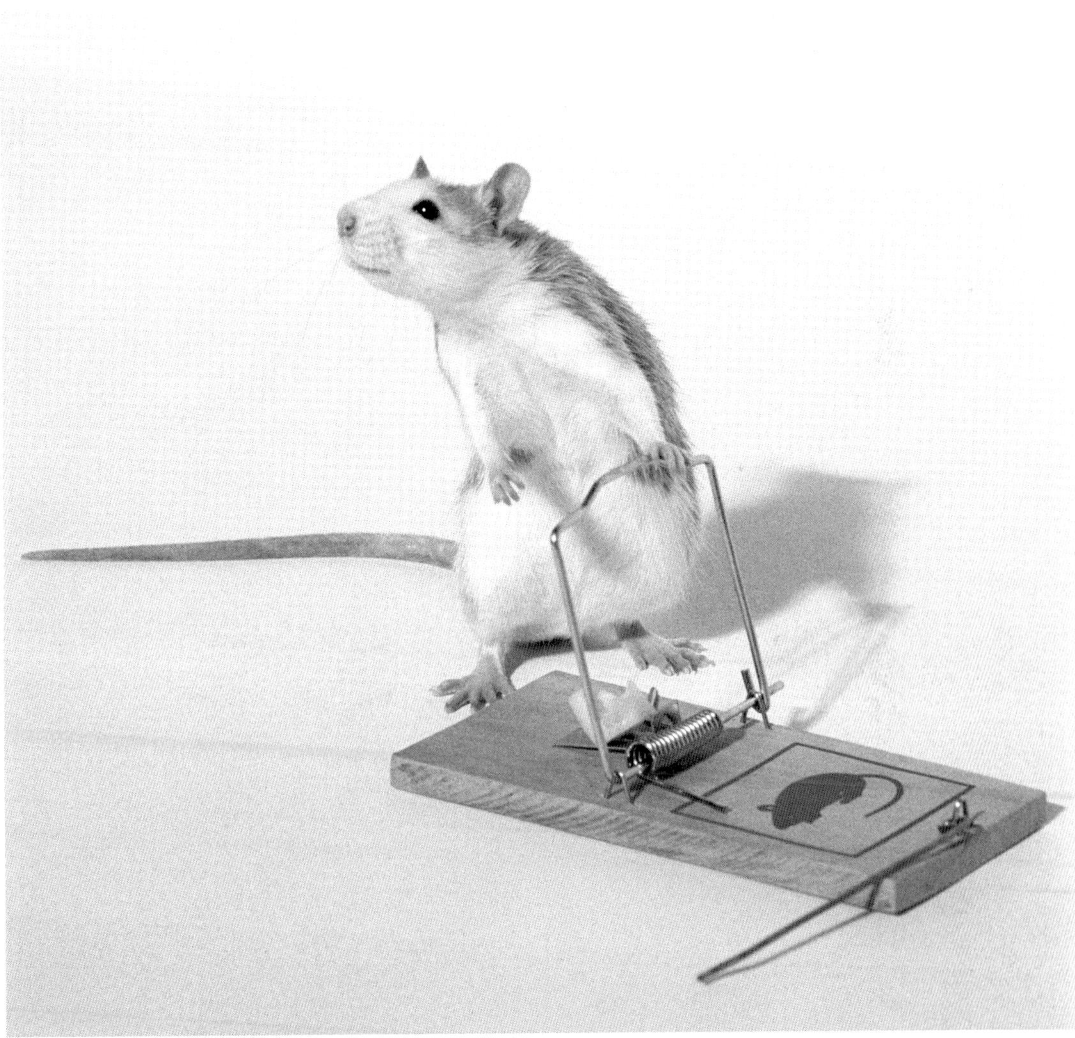

enquanto os pilantras sempre dão um jeito de escapar.

Parece que, para qualquer lado que você se vire, há psicóticos egocêntricos conspirando para acabar com a sua alegria, levá-lo à loucura e transformar sua vida num inferno.

O mundo está cheio de vendedores metidos a engraçadinhos,

sobremesas hipercalóricas cheias de açúcar,

novos números de dança intermináveis
nos seus velhos musicais favoritos

e os horríveis efeitos colaterais de comidas exóticas,

ampliados pelo constrangimento de, hoje em dia,
porta alguma fechar direito nos banheiros públicos!

Mas dor de barriga não é nada comparada com dor-de-cotovelo. Ainda que volta e meia nos avisem que o mar não está pra peixe,

é duro reconhecer que passamos boa parte da vida física e emocionalmente isolados, com a sensação terrível de solidão.

E quando você finalmente encontra alguém
que se encaixa perfeitamente,

ele ronca tão alto que os sonhos
passam a precisar de legendas.

Não tem saída!

Se dermos ouvidos às aves de mau agouro,
ficaremos sabendo que isso ainda não é nada.

Para elas, estamos vivendo dias negros,
sem perspectivas de melhoras a curto prazo.

Elas insistem em dizer que o mal está por toda parte —
nas ruas, nas árvores, na mídia, no ar, na água, nos bastidores
do poder e até na cesta de roupa suja —

esperando pacientemente para atacar quando menos esperamos, cravando os dentes peçonhentos nas nossas partes mais tenras.

Finalmente, fazem questão de lembrar que não há festinha de amigo oculto em que alguém não tente fazer isso. *Eca!*

 "É o fim do mundo!", exclamam. "Tá tudo dominado!"

O que me deixa meio confuso é que, se esses caras-de-pau acreditam mesmo nos horrores que apregoam, por que optam por continuar vivendo?

Tá bem, eu reconheço que prender a respiração até morrer não é tão fácil,

embora tenha ficado realmente surpreso ao descobrir que é possível, sim, morrer de overdose de fibras. É lógico que, nesse caso, você morre vendendo saúde.

Felizmente, graças à tecnologia moderna,
nunca foi tão fácil deixar este vale de lágrimas.

Ainda assim, se a vida nos parece tão desprovida de encantos, talvez seja melhor procurar primeiro um oftalmologista, para poder ver as coisas direito.

Vamos descobrir que há beleza e esperança
mesmo nas piores circunstâncias.

Há sempre alguém disposto a dar uma mãozinha a quem pede.

Há sempre alguém com quem se pode contar

e milhares de momentos especiais que podem
dissipar as sombras e que não custam nada,
a não ser alguns minutos de atenção.

Além do mais, a vida continua muito romântica.
Na verdade, há mais professores de tango em ação
hoje do que em qualquer outra época da História.

As possibilidades de encontros inesperados na hidroginástica nunca foram tão boas.

E, embora você talvez nem se dê conta disso, o que aprendeu com suas alegrias e dissabores poderá, um dia, ser compartilhado com outra pessoa. Ao fazer isso, você estará contribuindo para deixar o mundo um pouquinho melhor.

Ainda que eu ache a vida mil vezes preferível à alternativa, sei que ela nem sempre é simples ou agradável. Na verdade, às vezes é tão dura que ficamos com câimbras no cérebro só de pensar em ter de viver as próximas 24 horas.

Assim, não chega a ser surpreendente que,
ao pensar no futuro, tanta gente se sinta ansiosa,
deprimida, assustada e confusa de modo geral.

Se mesmo em tempos de vacas gordas não falta quem se queixe da vida, em tempos de incerteza chega a ser fascinante a variedade de reações ao nosso redor.

Há os que surtam ao primeiro boato de confusão

e os que têm mania de perseguição: "Querem me matar!"

Mas quando perguntamos de onde vem tanta certeza, admitem que andaram ouvindo uns boatos ou que "um passarinho me contou!".

Curiosamente, esse tipo de pessoa nunca se preocupa
em saber de onde foi que o tal passarinho tirou a informação.

E ainda existem aquelas pessoas que fazem questão de mostrar para o mundo que não se preocupam com nada e que, em qualquer circunstância, sabem exatamente o que fazer.

Mas à noite, quando a luz se apaga e ficam sozinhas, elas são, possivelmente, as mais assustadas de todas.

Há também muita gente convencida de que o futuro é hostil. Não adianta argumentar com esta turma que vive de prontidão para se defender de mil e um perigos diários

até ficarem tão duras, feias e cruéis
quanto o mundo que imaginaram.

Finalmente, há aquelas pessoas que achan que a única saída é cavar um buraco e mergulhar lá dentro. Elas pensam que, se erguerem suficientes defesas emocionais, ficarão seguras.

A ironia é que, ao invés de trancar os outros do lado de fora, trancam-se a si mesmas do lado de dentro. Com isto talvez consigam evitar alguns dissabores que tornam a vida difícil, mas, no fim, também acabam evitando as delícias que a tornam digna de ser vivida.

Isto é tão inútil quanto ficar dando
tchauzinho para você mesmo.

Uma solução bem mais simples é abrir um lindo sorriso

e reconhecer que não somos o centro do universo.
Isso significa que sempre haverá coisas que não sabemos
e sob as quais não temos nenhum controle.

Assim, quando eventualmente tropeçarmos num dia ruim
e estivermos metendo os pés pelas mãos,

 o melhor a fazer é relaxar e gozar o absurdo da situação.

Isto não é física quântica. É apenas bom senso, e ele manda que a gente aproveite o fato ligeiramente bizarro de viver num planeta com mais de 600 sabores de sorvete,

em vez de se aborrecer com o gosto pavoroso do
picolé de mangaba verde com caldo de jabuticaba.

Da mesma forma, não vale a pena ficarmos obcecados com as intenções de todas as criaturas sinistras que andam por aí.

Em geral, essas traíras que só sabem se dar bem
às custas dos outros acabam se dando mal
e têm o fim que merecem.

Em suma, ter uma boa rede de apoio é muito importante, melhor do que contratar seguranças para protegê-lo.

Outra razão para não se temer o amanhã é que, embora não sejamos o que comemos, somos, certamente, aquilo que amamos.

Isso significa que o que realmente somos está
sempre refletido naquilo que nos cerca e que nos é caro
— a começar pelos nossos amigos.

Não há exagero em se dizer que, sob este aspecto, o mundo à nossa volta é um espelho. Portanto, você tem um controle muito maior do futuro do que imagina, pois pode modificar o seu mundo sendo verdadeiro consigo mesmo.

Talvez isto faça sentido para você, talvez não. "Como é que se explicam, então, as coisas pavorosas que eu enfrento no meu mundo, sem querer?" É uma questão pertinente, sem dúvida,

e a minha resposta, só para irritar, é uma outra pergunta:
"O que é que você realmente quer?"

Afinal, o que influencia o mundo à nossa volta é aquilo que de fato queremos e amamos, ainda que a gente não o admita. Por exemplo, muitas vezes dizemos que só queremos ser felizes,

 quando na verdade o que queremos é ser ricos! Muito ricos!

Dizemos que queremos paz espiritual
e um sentido amplo de compreensão do universo,

quando no fundo o que queremos são respostas fáceis.

Dizemos que queremos amor, carinho e companhia,

mas o que temos em mente é sexo selvagem.

Dizemos que queremos ser aceitos pelo que somos,

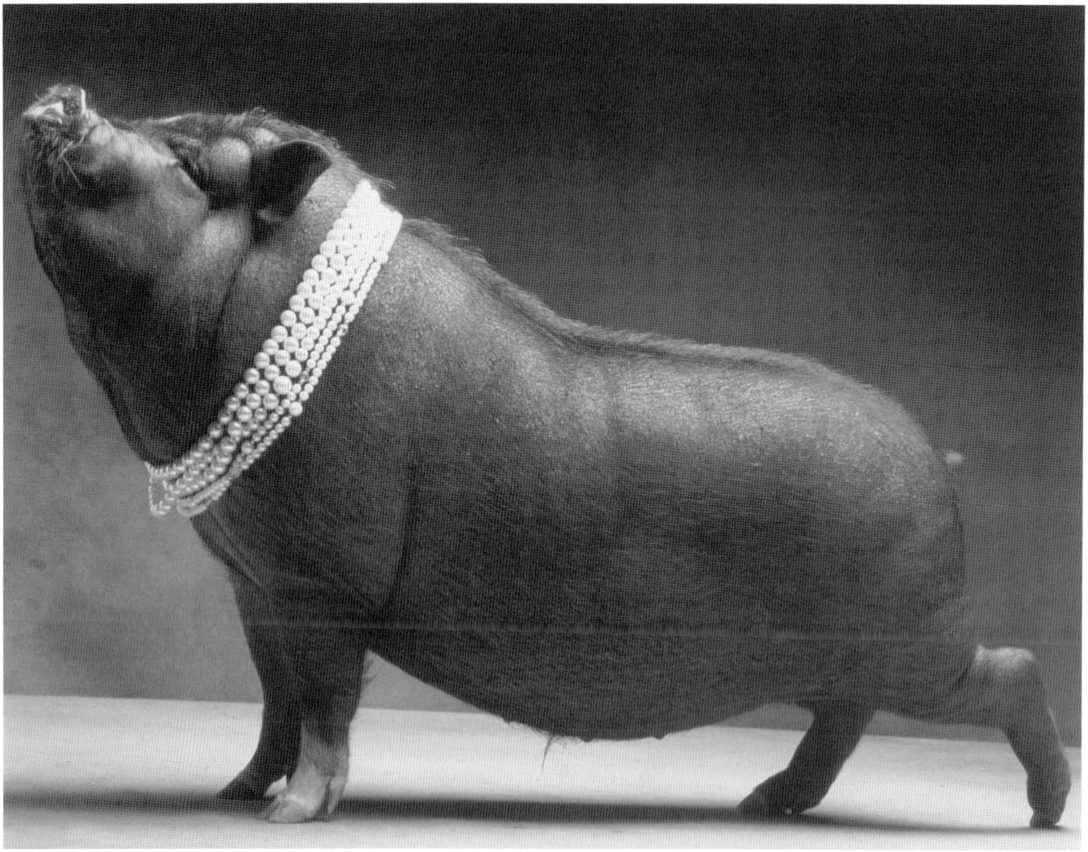

 quando o que realmente desejamos é ter mais charme

e menos peso.

Como disse certa vez um velho sábio chinês: "Não se pode enganar a Mãe Natureza." Há algumas verdades imutáveis nesse mundo das quais não há como se fugir.

A lei da gravidade não vai ser revista,

os chocolates irão sempre para os quadris

e você sempre se arrependerá de enfiar o
dedo em tortas que acabaram de sair do forno.

Devemos ser muito cautelosos com o que desejamos,
pois não podemos mentir em vão para nós mesmos.
Quando não somos honestos a respeito do que queremos
na vida, machucamos aos outros e, sobretudo, a nós mesmos.

Pense claramente no que mais deseja. Para você, o que é que realmente faz a vida valer a pena? O que é que você de fato quer fazer com o tempo limitado de que dispõe? Qual é a marca que pretende deixar no mundo?

Mas não gaste a vida inteira pensando no futuro,
porque a chave do amanhã é hoje.

As brilhantes respostas que podemos eventualmente ter para as grandes questões da vida não adiantam nada quando não conseguimos vencer as dúvidas e medos que nos impedem de agir.

Seja a sua própria torcida!

Faça algo que você jamais imaginou que seria capaz de fazer — viver no presente!

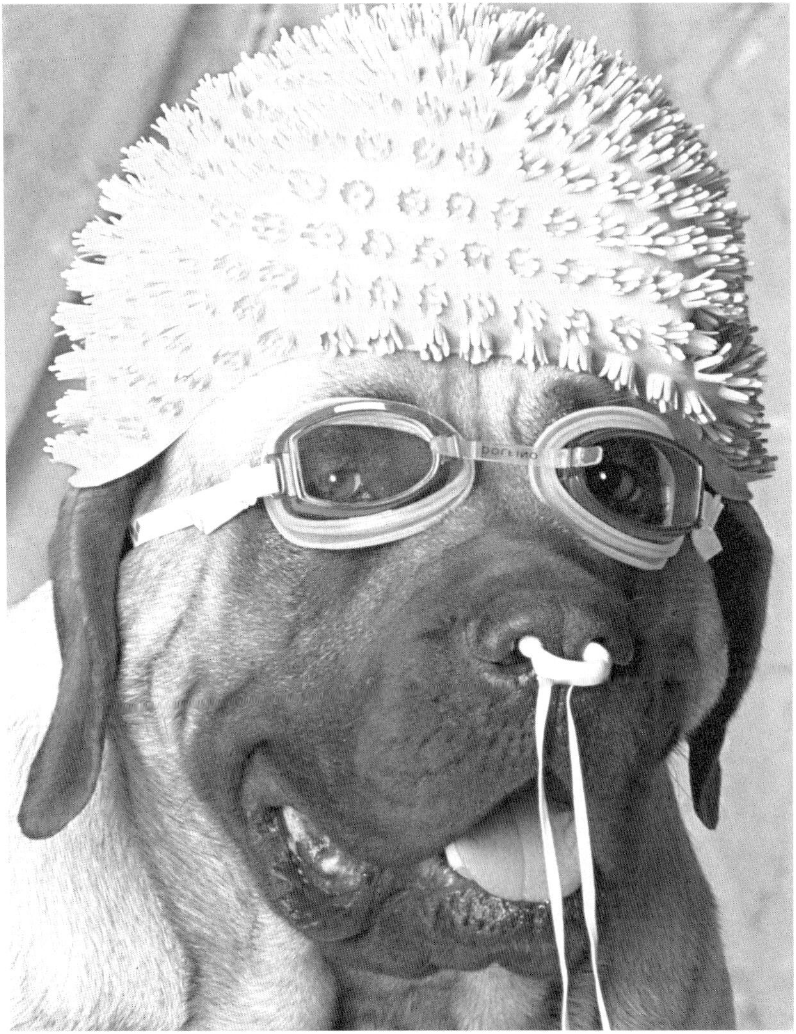

Lembre-se sempre que a maior aventura de uma outra pessoa

pode vir a ser o seu maior pesadelo.

Siga, portanto, o seu próprio caminho, aonde quer que ele o leve, dando um passo de cada vez.

A estrada da vida não é uma competição
ou uma via expressa sem graça e sem saídas
a ser seguida pela eternidade.

Curta o imprevisível
e procure sempre novidades interessantes.

Tire um tempo para apreciar a paisagem.

O fato é que, um dia, em vez de acordar para tomar café,
vamos mergulhar num túnel longo e escuro, em direção a
um universo de luz. Nossa jornada terá chegado ao fim.

Nesse momento, quando a sua vida inteira passar diante de seus olhos, duvido que você se preocupe muito com o dinheiro que ganhou, as milhas que acumulou, os prêmios que conquistou, os carros que teve, o valor de sua carteira de ações ou quantas vezes seu retrato saiu no jornal.

Ao contrário, acredito que as coisas mais importantes
da sua vida terão sido os amassos gostosos,

as noites que passou olhando para as estrelas,

 os momentos engraçados de total descontração,

as primeiras gotas de chuva que sentiu na língua

 e o instante em que alguém especial murmurou: "Eu te amo."

Não perca tempo se preocupando com o futuro.
Ele virá, e muito rápido — eu garanto.

Enquanto isso, sugiro que você erga a cabeça,
calce sapatos confortáveis

e siga seu coração até os confins da Terra.

Ao longo da jornada, lembre-se sempre
de que cada dia é uma dádiva preciosa. Se você
souber aproveitá-la e dela tirar o que há de melhor,

então, acredite, haverá outro presente
extraordinário esperando por você.

O amanhã.

Agradecimentos

Volta e meia me pergunto como é que tão poucas palavras puderam me levar tão longe, ou ter me lançado em companhias tão glamourosas. Quando me olho no espelho, não vejo muito além de um tasmaniano ligeiramente desgrenhado. No entanto, como fui abençoado com o apoio da incrível equipe da BTG Studios, consegui realizar muito mais do que jamais teria imaginado. A essas pessoas extraordinárias, assim como aos editores entusiasmados e queridos leitores ao redor do globo, que acreditaram e gostaram das minhas humildes realizações, ofereço meus eternos e sinceros agradecimentos.

Como sempre, devo ressaltar que meus livrinhos não seriam nada sem as fotos maravilhosas que conduzem a narrativa visual do começo ao fim, e recomendo a todos que descubram melhor esses artistas e os arquivos fotográficos que contribuíram para este livro buscando os seus endereços de contato postados em www.btgstudios.com.

Finalmente, devo admitir que este livro foi inteiramente inspirado pelas notáveis aventuras do meu agente literário internacional e professor de esgrima Albert J. Zuckerman, da Writers House de Nova York, que ocorreram durante um workshop de criatividade e viagem de pesca no gelo, no Alasca, no inverno de 1967. Segundo a versão que me foi narrada pelo professor Stephen Hawking (outro autor representado pela Writers House), Al estava compondo um interessante poema que usava todas as cem palavras que os esquimós têm para neve, quando, de repente, uma foca desesperada e ofegante surgiu do nada e se escondeu atrás da sua cadeira, seguida, pouco depois, por uma ursa polar faminta e obstinada. Sem pensar na sua própria segurança, Al empurrou Bennett Cerf e Saul Bellow para longe do perigo, rapidamente pegou um punhado de castanhas de caju salgadíssimas e as esfregou nos olhos e focinho da atônita ursa, que, imediatamente, fugiu para longe para mergulhar a cara ardida num monte de neve. Voltando-se para os perplexos escritores e editores espalhados pelo acampamento, Al deu um sorriso seco, exibiu uma única castanha e disse, em latim perfeito: "Uma humilde castanha, o sal da terra, e o futuro da humanidade está garantido." Assim que ouvi a tradução tosca dessas palavras imortais, soube, no fundo do meu coração, que não importava quão más as coisas estivessem, o sol se levantaria amanhã e eu estaria lá para apreciá-lo.

Obrigado, Al, por nos dar esperanças. Obrigado por me dar um futuro.

Conheça outros títulos do autor